``La Escuela de la Regulación y el medio ambiente.´´

Autor: Esteban Hernán Giménez

<u>**Introducción**</u>

La relación de los hombres con la naturaleza, para fines productivos, se concreta en la extracción de energía y materia, así como en el esparcimiento de los residuos del proceso económico en el ambiente. Materiales tan importantes como los hidrocarburos y los minerales, tienen disponibilidad finita, mientras que la capacidad de ecosistemas de absorber los impactos de la actividad humana también es limitada. Así, la disponibilidad y el cambio de la disponibilidad son características esenciales del ambiente físico, de las que las regulaciones ecológicas deben ocuparse.

La economía ecológica ha hecho contribuciones importantes para la comprensión de estos aspectos físicos de la relación de los hombres con la naturaleza. Pero, partimos del supuesto que una opinión estática y/o biologicista de la naturaleza (la naturaleza como algo totalmente exógeno al reino social) que es común a la economía neoclásica de ambiente/recurso y a la economía ecológica también, faltarían los aspectos esenciales de la relación entre la naturaleza y la sociedad.

Entendemos que la naturaleza es una construcción social con un doble significado: por un lado, el término naturaleza representa una variedad de conceptos que componen el mundo material de los objetos que los rodean, pero también incluye a los seres humanos; por otra parte, la naturaleza es construida en términos materiales por lo social, tanto productivo como la praxis reproductiva. Los conceptos de naturaleza están sujetos a cambios históricos, dado que, por un lado, el mundo material se transforma permanentemente a través del trabajo del hombre y, por otro lado, la opinión sobre la naturaleza de los seres humanos cambian. En segundo lugar, la relación entre la naturaleza, es decir el mundo material, y la sociedad posee características conflictivas, y no es del todo una naturaleza armoniosa por sí misma. La noción de ``recurso'' implica no solo un componente físico, sino también un componente social, es decir la capacidad tecnológica para manipular la materia/energía de una forma determinada.

Por otra parte, depende de conceptos teóricos, de perspectivas culturales y de formaciones sociales específicas. Sin embargo, la forma específica del uso de la energía/materia está sujeta a la regulación, es decir gobernado por la actividad humana. Y aquí es donde la teoría de la regulación como tentativa de sistemática de teorizar relaciones sociales entra en juego.

Objetivos que guiaron nuestra investigación:

-Identificar cuál es el aporte de Alain Lipietz en el campo específico de la ecología política.

-Distinguir las diferencias entre los autores de la escuela regulacionista con respecto a la problemática medio ambiental.

-Tratar de discernir si el Estado es una forma institucional más, o, si es una estructura que atraviesa verticalmente a las demás formas institucionales.

<u>Antecedentes</u>

En los años ´70 surgió en Paris una escuela de pensamiento económico que luego tomaría el nombre de ``regulacionista´´. Esta escuela, influenciada por las teorías estructuralistas, buscó nuevas explicaciones y respuestas para las incógnitas de la economía en el modo de producción capitalista.

La escuela francesa de la regulación es, en esencia, una corriente de pensamiento económico, si bien busca integrar a sus análisis los resultados de otras disciplinas sociales, de la historia y la ciencia política. Sus primeras investigaciones fueron publicadas a mediados de los años setenta, esto es, al inicio de una crisis que ponía fin a los treinta años de expansión económica ininterrumpida de la posguerra.[1]

Este enfoque llevaba a comenzar a abordar los problemas y las crisis presentes a la vez con un

---

[1] http://www.insumisos.com/diplo/NODE/2476.HTM recuperado el 29/12/2010.

análisis histórico de largo plazo y con una visión estructuralista, visión que estaba en boga en la Francia de los setenta.

Los trabajos fundacionales de la escuela de la regulación se centraron en estudios del desarrollo capitalista en el muy largo plazo: para los Estados Unidos, el análisis de Michel Aglietta abarcaba un siglo (1870 a 1970), y para Francia, el trabajo en equipo de un grupo de investigadores del CEPREMAP[2] analizaba las etapas del desarrollo francés desde los inicios del siglo XIX.

El proyecto científico detrás de esta visión histórica consistía en explicar los mecanismos por los cuales el capitalismo ha sido capaz de absorber conflictos y contradicciones de manera de permitir durante períodos más o menos prolongados la viabilidad de un determinado régimen de acumulación; en identificar las formas institucionales que le han permitido reproducir sus relaciones básicas; y en explicar las razones y modalidades por las cuales se producían, en ciertas circunstancias, crisis estructurales. Se trataba de explicar a la vez cómo el sistema capitalista ha perdurado y cómo ha cambiado.[3]

---

[2] CENTRE POUR LA RECHERCHE ECONOMIQUE ET SES APPLICATIONS

[3] Los regulacionistas consideran que el cambio es al menos

Existen una gran variedad de estudios que se abocan a tratar las problemática medio ambiente/sociedad desde diferentes perspectivas teóricas.

Dentro de la misma Escuela de la Regulación Francesa podemos observar ciertos indicios de estudiar la problemática medio ambiente/sociedad. Pero a nuestro entender, quien lo hace con mayor carga teórica es Alain Lipietz, razón por la cual haremos mayor hincapié en este autor.

Las categorías de análisis con que los regulacionistas abordan su programa de investigación pueden agruparse en tres grupos, según su nivel de abstracción. En el nivel más general, está el modo de producción. Esta escuela estudia básicamente el modo de producción capitalista, que se caracteriza por una doble separación: la que corresponde a la forma de la mercancia (separación entre productor y consumidor), y la que se refiere a la relación

tan importante como la invariabilidad, y que de hecho deben ser analizados simultáneamente.

salarial (separación entre trabajadores y dueños de los medios de producción). Lo propio del sistema capitalista es la acumulación del capital, pero para realizarse, debe sortear la incertidumbre, las rivalidades y los antagonismos propios del capitalismo, que se deducen de su doble separación constitutiva. Esto nos conduce al segundo nivel de abstracción, que es el de los regímenes de acumulación. Cada uno de ellos se caracteriza por un conjunto de regularidades que la hacen posible, absorbiendo o manejando los conflictos y desequilibrios, facilitando una coherencia entre las condiciones de producción y de distribución, y dando así un horizonte temporal a la inversión. Estas regularidades se refieren a la naturaleza e intensidad del cambio técnico, a una determinada relación laboral y a una composición de la demanda social (y, por consiguiente, a una distribución del ingreso) que sea compatible con la expansión de las capacidades de producción.

``Varios regímenes son posibles en el capitalismo, y difieren en el tiempo y el espacio; la escuela de la regulación distingue en particular entre regímenes de acumulación extensiva e intensiva, conceptos vinculados a los de la extracción de plusvalía absoluta o relativa de Marx´´[4]. Por último, en un menor nivel de abstracción, están las formas institucionales o estructurales que con su particular funcionamiento organizan los regímenes de acumulación, pero que al mismo tiempo son fuentes de rigidez. Las formas institucionales básicas son el régimen monetario, la relación salarial, las formas de la competencia, las modalidades de integración en el sistema internacional y las formas del Estado. Al utilizar estas categorías, es posible definir un **modo de regulación** como *"un* conjunto de mediaciones que mantienen las distorsiones producidas por la acumulación del capital dentro de límites compatibles con la cohesión social en el seno de las

---

[4]   http://www.insumisos.com/diplo/NODE/2476.HTM
recuperado el 29/12/2010.

naciones"[5]; "un modo de regulación combina un conjunto de procedimientos y de comportamientos individuales y colectivos que deben simultáneamente reproducir las relaciones sociales a través de la conjunción de formas institucionales históricamente determinadas y sostener el régimen de acumulación vigente. Más aún, debe asegurar la compatibilidad entre un conjunto de decisiones descentralizadas, sin que los agentes tengan que interiorizarse de los principios que rigen la dinámica del conjunto del sistema".

Esto no quiere decir que no existan crisis dentro de un modo de regulación; de hecho, las crisis pueden ser momentos en los que se absorben brutalmente una serie de desequilibrios, en los cuales desaparecen determinadas empresas, pero se regeneran las condiciones de una acumulación ampliada para otras. Estas "pequeñas crisis" toman formas diferentes según el modo de regulación (pueden ser, por ejemplo, inflacionistas o

---

[5] Ibídem.

deflacionistas) y son, en definitiva, funcionales a éste. Distinta es la situación cuando los mecanismos del modo de regulación no consiguen resolver las crisis, sino que más bien representan rigideces que la agravan. Estamos entonces ante una crisis estructural, o "gran crisis": no se trata de una crisis dentro de un modo de regulación, sino de una crisis del modo de regulación. Un ejemplo clásico es la crisis de los años treinta. Las salidas de las "grandes crisis" requieren una intervención de orden político que produce cambios institucionales.

Como dijimos anteriormente, la teoría regulacionista ortodoxa reconoce cinco formas institucionales mediante las cuales se da legitimidad a un modo de acumulación, estas son: el régimen monetario, la relación salarial, las formas de competencia, las modalidades de integración en el sistema de internacional y las distintas formas del Estado. Autores como Becker y Raza, proponen concederle también al medio ambiente el status de forma institucional denominándola``restricción ecológica´´.

Estas definiciones contienen varias opciones metodológicas. Significan, en primer término, un rechazo al individualismo neoclásico, al no tomar como punto de partida al individuo aislado, perfectamente informado y racional, sino a determinadas relaciones sociales históricamente determinadas e inseparables de las mediaciones institucionales en las que se desenvuelven. En segundo término, y vinculado con la crítica al individualismo metodológico, la escuela de la regulación muestra una vocación de análisis global de las sociedades, en donde lo económico no está aislado de lo político, e insiste en la posibilidad de perseguir objetivos colectivos organizados: la acción creadora de instituciones es esencialmente política, y la política no es jamás una práctica individual.

Por último, esta escuela afirma la existencia de una variedad de modos de regulación, aun dentro de un mismo modo de producción, así como la posibilidad de pasar de un modo de regulación a otro(s) a través de las crisis. Así, tiende a rechazar tanto el discurso justificativo o apologético según el cual "no hay alternativa" a la situación actual, como la idea que las transformaciones futuras están totalmente predeterminadas por la situación actual.

Como podemos observar, la escuela de la regulación ha propuesto un programa de investigación muy amplio, y ha dado lugar a trabajos especializados en las distintas áreas identificadas como cruciales. Como dijimos anteriormente, el autor que más nos interesa es Alain Lipietz, dado que es quien desarolla una teoría mucho más sustanciosa (dentro de la escuela de la regulación) respecto a la relación medio ambiente/sociedad.

La toma de conciencia de los efectos inquietantes de la actividad humana y del progreso técnico (independientemente de los accidentes) creció y se extendió. El crecimiento de esta nueva inquietud llevó a ciertos investigadores a intentar discernir mejor los mecanismos económicos y políticos que generan los desequilibrios ecológicos. Es sobre esta base conceptual e histórica de la ecología como se constituyó la **ecología política.** Ésta se profundizó después en un análisis crítico del funcionamiento general de las sociedades industriales avanzadas.

`` El paso de la ciencia a la ecología política introdujo la cuestión del sentido de lo que hacemos, lo cual implica una serie de interrogaciones: ¿en qué medida nuestra organización social, la manera en que producimos, en que consumimos, en qué medida estos diversos factores modifican nuestro medio ambiente? Con más precisión, ¿cómo pensar la combinación, la interpenetración, de estos factores en su acción sobre el medio ambiente?

¿Los efectos de estas modificaciones sobre los individuos son favorables o no? La ecología política nos dice cuáles son los efectos de nuestros comportamientos y prácticas. Aclara los enredos, pero no toca a ella sino a los hombres escoger el modo de desarrollo que desean, en función de valores que evolucionan en el debate público.''[6] Si se toman en cuenta los desequilibrios ecológicos generados por la actividad humana, la ecología política es llevada a cuestionar la modernidad y a desarrollar un análisis crítico del funcionamiento de las sociedades industriales.

La ecología política (como la entiende y la defiende Alain Lipietz) considera que han sido largamente superados los límites de lo aceptable y que llegó la hora de una reconsideración general de la prácticas pero también de las representaciones, unas y otras relacionadas entre sí. Los hombres hacen íntimamente parte de la naturaleza, la respiran y se alimentan de ella. No hay tampoco

---

[6] http://www.berdeak.org/LIPIETZ.htm recuperado el 29/12/2010.

que caer en el exceso opuesto de una sacralización de la naturaleza. La ecología política retoma la oposición entre naturaleza y cultura relativizándola. Nos parece más fecundo interesarse en la complejidad del mundo vivo, más que en la oposición entre hombre y naturaleza. El hombre y su medio ambiente no cesan de transformarse mutuamente; es por ende importante convencerse que ambos están envueltos en una evolución permanente (coevolución).

Después de Hiroshima, Chernobyl y los agujeros de la capa de ozono, hay que considerar que el progreso ya no aparece lineal y sin limites: ``el progreso técnico no es necesariamente sinónimo de emancipación humana ni de mejoramiento del medio ambiente. A pesar de esto, la ecología política no trata de rechazar la idea de progreso ni de caer en el catastrofismo antitécnico, trata de volver a dar al progreso técnico su lugar, porque nada permite considerarlo virtuoso "por naturaleza"''.[7]

---

[7] Ibídem.

Siguiendo a Lipietz, entendemos que después de haber intentado dominar la naturaleza, necesitamos ahora aprender a domesticar el progreso mismo. Lo cual implica tener siempre en cuenta las dos caras del progreso: solución a la crisis, por un lado, y generación de crisis ecológicas, por otro.

Alain Lipietz y la Ecología Política.

El término Ecología apareció en la segunda mitad del siglo XIX. En sus orígenes, la ecología apareció estrechamente ligada a la biología y el estudio de los comportamientos de los animales. Ahora bien, con el correr del tiempo y ya aplicada el hombre, la ecología se vuelve el estudio entre la humanidad y su ambiente, o sea la manera cómo la primera transforma al segundo y éste permite a la primera sobrevivir.

La relación hombre/medio ambiente, no incluye solamente la relación del hombre y su entorno natural, sino que incluye la naturaleza transformada por su actividad. Entonces, para Lipietz, la Ecología Humana es ''el análisis de la interacción compleja entre el medio ambiente (medio de vida de la humanidad) y el funcionamiento económico, social y político de las comunidades humanas.''[8]

Para este autor, en eso reside la gran diferencia entre la ecología humana y la ecología de las demás especies animales.

El avance científico y sus aplicaciones en la naturaleza y en el mismo ser humano, no ha cesado desde que los hombres comenzaron a sentirse los ''maestros y propietarios de la naturaleza''.

Siguiendo a nuestro autor, entendemos que en el curso de la segunda mitad del siglo XX, después de la segunda guerra mundial, este sentimiento del ser humano como '' propietarios de la naturaleza'', empezó a tener sus límites. Los milagros de la técnica, de la tecnología y de la ciencia, empezaron a mostrar grandes baches, tales como accidentes ''imprevisibles'' (que se

---

[8] http://www.berdeak.org/LIPIETZ.htm recuperado el 29/12/2010.

multiplicaban) y extendieron sus efectos a escala mundial. Las mareas negras, Chernobyl, etc., son algunos ejemplos.

Como se dijo anteriormente, la toma de conciencia de los efectos perturbadores de la actividad humana y del progreso técnico y científico (independientemente de los accidentes) creció y se extendió. El crecimiento de esta nueva problemática llevó a que parte de la población mundial intentase desentrañar los mecanismos económicos y políticos que generaban desequilibrios ecológicos.

Es sobre esa base conceptual e histórica de la ecología cómo se constituyó la **ecología política;** ésta se profundizó después en un análisis crítico del funcionamiento general de las sociedades industriales avanzadas, análisis que dio lugar a una reflexión paralela acerca de los medios necesarios hacia otra forma de desarrollo."[9]

<u>El paso de la ciencia a la política:</u>

---

[9] Ibidem.

Para Alain Lipietz, existe una asimetría entre la economía y la ecología, producto de numerosos malentendidos. Para aclararnos este malentendido, Lipietz recurre a la etimología de estas dos palabras (economía y ecología), y nos dice: ´´economía: estudio de leyes (nomos) del dominio (oikos). Ecología: estudia el sentido, de la racionalidad (logos) del dominio. Y cuando agregamos ´´política queremos decir que el dominio en cuestión es el espacio ciudadano (polis).[10]

En este sentido, la economía se ocupa de la regularidad de las acciones que dan valor al dominio, y la ecología se pregunta si todas estas actividades tienen sentido, si son razonables, si pueden ´´mantenerse en pie´´.

La economía es la ciencia de las actividades humanas de producción y de distribución. Entonces, la ecología , ensancha este punto de vista : ´´de uno y del otro lado de la actividad, toma en

---

[10]LIPIETZ , Alain.EL PADRE Y LA MADRE DE LA RIQUEZA. TRABAJO Y ECOLOGIA *En publicación: EL PADRE Y LA MADRE DE LA RIQUEZA. TRABAJO Y ECOLOGIA* . ADEC-ATC Asociación Laboral para el Desarrollo y el Departamento de Economía de la Universidad Católica del Perú.

cuenta el medio en donde interviene esta actividad, la interacción entre el medio, la actividad y la modificación del medio como subproducto de la actividad. Pues, este medio, condición de nuestra existencia y de todas nuestras actividades, es modificado permanentemente por éstas, voluntaria o involuntariamente.''[11]

El ecologismo como humanismo:

El movimiento socialista o comunista del siglo XIX le reprochaba a la economía política de su tiempo desconocer el carácter histórico y controvertido de sus condiciones sociales. Según Lipietz, la ecología política tiene aún una tarea más abrumadora: ''recordar lo que habíamos puramente o simplemente olvidado. Somos ya ''ideológicamente'' ecologistas cuando recordamos que el hombre y la naturaleza forman un todo, que el hombre forma parte de la naturaleza, que la naturaleza está irresistiblemente humanizada, modificada, para bien algunas veces, pero para mal apenas la olvidamos.''[12]

---

[11] Ibidem.

[12] Ibidem.

Para Lipietz, la ecología política ha nacido de la constatación de que el tiempo de la tierra acabada comenzó, es decir, que no hay más naturaleza bruta o disponible en abundancia. Desde la ionósfera hasta las profundidades del océano, de las mesetas resecas del Sahel al pulmón verde de la Amazonía, la actividad humana ha marcado su entorno.

Para nuestro autor ´´hoy en día los crímenes contra la naturaleza se multiplican, y cada crimen en contra de la naturaleza se vuelve un crimen en contra de la humanidad.´´[13] Es en este sentido que la ecología política es un humanismo. Es un humanismo porque se reconoce un valor moral, susceptible de aprobación o de condena, sobre las acciones del ser humano.

Según Lipietz, la humanidad está doblemente ´´al centro de la naturaleza´´:

-porque las mutaciones que conoce nuestro planeta conciernen a la ecología (a diferencia de la geología), en tanto que la humanidad es a la vez la causa y la víctima.

-porque la conciencia, el poderío y la responsabilidad de los seres humanos hacen de

---

[13] Ibidem.

estas transformaciones una cuestión moral y política.

Para Lipietz, el socialismo nunca ha existido. En los países que se han llamado socialistas, lo que existió fue una forma de capitalismo de Estado donde la clase dominante hacía como si organizara la sociedad según un determinado plan, cuando en realidad este plan no estaba bajo control, desarrollándose al mismo tiempo relaciones mercantiles distorsionadas. Sin embargo, Lipietz entiende que el capitalismo de Estado retomó algunas de las aspiraciones populares expresadas en el movimiento socialista.

El autor distingue entre el socialismo como modo de producción (que para él nunca ha existido); y el movimiento socialista como aspiración de mujeres y hombres por el progreso, lo cual, evidentemente, constituye un hecho histórico, uno de los factores más importantes de transformación del capitalismo.

Para Lipietz, en el siglo XXI, al menos en sus comienzos, tendremos siempre relaciones mercantiles y salariales, por tanto estaremos dentro del capitalismo. La cuestión consiste ´´en saber hasta qué punto este capitalismo será transformado por los valores progresistas, como son la **solidaridad**, es decir no dejar que alguien sea excluido; la aspiración a la **autonomía**, es decir que cada cual pueda hacerse cargo de su propia vida; y la exigencia de **responsabilidad ecológica**, es decir, en qué medida el capitalismo es capaz de tomar en cuenta el derecho de la vida sobre la tierra y el derecho de las generaciones futuras.´´[14]

A continuación desarrollaremos brevemente qué entiende Lipietz por solidaridad, autonomía y responsabilidad ecológica.

-Solidaridad:

El principio de propiedad y el poder

[14] LIPIETZ , Alain.EL PADRE Y LA MADRE DE LA RIQUEZA. TRABAJO Y ECOLOGIA *En publicación: EL PADRE Y LA MADRE DE LA RIQUEZA. TRABAJO Y ECOLOGIA* . ADEC-ATC Asociación Laboral para el Desarrollo y el Departamento de Economía de la Universidad Católica del Perú.

detentores el derecho de gravitar sin medida sobre la vida de los demás. Ese poder llega a veces, indirectamente pero de manera determinante, hasta un derecho de vida o muerte. Empuja a muchos hasta la desesperación porque se sienten incapaces de encontrar un lugar en la sociedad, sobrevivir dignamente y ganarse la vida por sus propios medios.

Si un individuo se enriquece, lo debe a toda la cadena de sus similares que han construido un mundo donde nació y a sus contemporáneos que han participado directamente o indirectamente a su enriquecimiento. Entonces Lipietz se pregunta: ´´¿no llevaría esto a un deber de reciprocidad que se traduciría en un deber de solidaridad mínimo? Una sociedad que tiende a eliminar el principio del dono, ¿no corre el riesgo de deshacerse, de descomponerse?´´[15]

-Autonomía:

Esta implica la reconquista por los individuos y las colectividades humanas del control

---

[15] http://www.berdeak.org/LIPIETZ.htm recuperado el 29/12/2010.

de sus actividades de producción, de su vida cotidiana y de sus decisiones públicas.

Es en distintos niveles donde pueden situarse las implicaciones: a nivel de la empresa, a nivel de la vida ciudadana local, regional y nacional.

-Responsabilidad ecológica:

Cabe destacar que Lipietz entiende que la responsabilidad ecológica sería sólo aparente si no se acompaña de autonomía.

La fuerza de las tecnologías actuales es tal que las consecuencias sobre el medio natural, sobre las otras especies vivas, vegetales o animales, se multiplican. Independientemente de los accidentes ecológicos, el simple funcionamiento de muchas industrias se sitúa en un nivel tal que la mayor parte produce efectos dañinos sobre el medio ambiente.

Es por esta razón que Lipietz aboga por volver a poner el acento en el centro de la política. La ecología es una inmensa oferta de contenidos nuevos, o más bien un gran llamado a ocuparse del contenido. El autor nos dice:´´una sociedad sin proyecto político, dejada a las simples fuerzas del

mercado, envuelta en la espiral del ´´producir
más´´, no puede sino conducir a un crecimiento de
las desigualdades y la multiplicación de las crisis
ecológicas. Es, entonces, urgente volver a dar
sentido y contenido a la política.´´[16]

El desarrollo sustentable:

La ONU define el desarrollo sustentable
como aquél que permite satisfacer las necesidades
de la generación actual, empezando por los que
menos tienen, sin comprometer la posibilidad para
las generaciones futuras de satisfacer las suyas.

---

[16] http://www.berdeak.org/LIPIETZ.htm   recuperado   el
29/12/2010.

Para Lipietz ´´la idea de desarrollo sustentable tiene una doble dimensión. En el tiempo presente, ssupone qu este modelo de desarrollo responde a las necesidades de cada uno. En perspectiva, supone que este modelo puede durar. El desarrollo sustentable incluye también la idea de redistribución (o de justicia social) porque propone un orden en la satisfacción de las necesidades: empezar por los que menos tienen.´´[17]

Nuestro autor se pregunta ¿cómo es posible reorientar nuestro desarrollo para hacerlo sustentable?

El primer paso es economizar el factor Tierra, dando prioridad a las tecnologías que economicen energía y sean más respetuosas con el medio ambiente. El segundo imperativo sería establecer nuevas regulaciones añadiendo a la protección social la protección del medio ambiente.

Para Lipietz, las herramientas para llevar a cabo esto existen. Los medios reglamentarios (leyes y normas), medios económicos (ecoimpuestos, permisos negociables), acuerdos de autolimitación y los códigos de buena conducta. Algunos permiten revertir los daños; otros

---

[17] Ibídem.

indemnizar por los daños y algunos prevenir
mediante la disuasión.

Para el autor el impuesto disuasivo es la vía
más prometedora porque, además del efecto
protector para el medio ambiente, proporciona a la
colectividad recursos nuevos que pueden ser
destinados a otras políticas, por ejemplo bajar el
costo del trabajo, en el cuadro de una política de
empleo, lo que nos lleva al efecto redistributivo del
modelo de desarrollo sustentable.

Los pobres no tienen en general los medios
de contaminar y son de hecho, los más afectados
por los efectos de la contaminación. Es por esto que
Alain Lipietz piensa que los pobres serán los
grandes beneficiarios de una reorientación general
hacia el desarrollo sustentable.

En este sentido Annie LEONARD
(refiriéndose a Estados Unidos, pero creemos que
puede hacerse extensible a otros países), se hace la
siguiente pregunta: ¿Por qué la mayoría de los
basurales están situados en comunidades de bajos
ingresos, donde vive y trabaja mucha gente de
color?[18]

---

[18] ANNIE LEONARD. *La historia de las cosas.* De cómo
nuestra obsesión por las cosas está destruyendo el planeta,

Podríamos denominar esta situación ´´racismo ambiental´´, o en el caso de que no sea solamente una cuestión de color de piel, se podría denominar ´´clasismo ambiental´´.

Volviendo al planteo de Lipietz, los perdedores, en el corto período, podrían ser las clases medias, puesto que las restricciones al uso libre y gratuito del medio ambiente harían desvanecer el sueño de una generalización del modelo de la sociedad de consumo, cuando no perciben el carácter insostenible y peligroso de este modelo hiperconsumista para su propia salud.

Entendemos entonces, que para Lipietz, se trata de una cuestión de legitimación, dado que dice: ´´Es necesario acoplar las nuevas políticas ecologistas a las reformas sociales, sin las cuáles las primeras no serían legítimas.´´[19]

El autor aboga por un intenso debate ideológico y cultural dirigido a modificar la percepción de los riesgos y de las desventajas, hacer progresar los valores y las normas de la ecología. Es decir, más allá de la política y sus

---

nuestras comunidades y nuestra salud.
[19] http://www.berdeak.org/LIPIETZ.htm recuperado el 29/12/2010.

contenidos, ´´es lo político, su campo y sus métodos lo que hay que reconstruir.´´[20]

Ahora bien, ¿cómo reconstruir el campo político?, ¿cómo lograr legitimidad? Lipietz nos da una serie de pautas:

Repensar lo político: entre lo global y lo local.

Para Lipietz, los gobiernos se muestran incapaces de resolver tanto problemas cotidianos como los que se producen a escala planetaria, ya sea que se trate de impedir despidos en una empresa en excelentes condiciones económicas o de luchar contra el calentamiento climático. Para Lipietz, ´´mientras que el poder económico y financiero ya no conoce fronteras, el poder político descansa siempre en el principio de la soberanía estatal. La relación de fuerza es, entonces, no solamente desigual sino invertida.´´[21]

---

[20] Ibídem.
[21] http://www.berdeak.org/LIPIETZ.htm recuperado el 29/12/2010.

Según el autor, para volver a dar a lo político su credibilidad y los meios para actuar es imperiosa la necesidad de encontrar un nuevo equilibrio. Se debe ˝pensar globalmente y actuar localmente˝ y ˝actuar globalmente y pensar localmente˝

Pensar globalmente, actuar localmente

La globalización y las fuertes tensiones que sacuden a los Estados/Nación refuerzan, según Lipietz, la pertinencia de este slogan que floreció entre los ecologistas de los años setenta.

Pensar globalmente:

Para Lipietz es necesario pensar en términos globales porque la ecología política hace suyas máximas que podrían ser del humanismo en general. Máximas tales como: ˝Soy hombre, y nada de lo que es humano me es ajeno.˝ Pensar globalmente ˝es elevarse a una visión planetaria que el saber ecológico hizo posible: visión del estado del planeta, de su degradación continua, del juago complejo de causas y consecuencias y, en este juego, un aspecto esencial, la parte de la actividad humana bajo sus distintas formas. Este aspecto es esencial porque la ´´dominación de la naturaleza´´ es un fantasma que parece oportuno no convocar demasiado; por otra parte, podemos y debemos esperar controlar la actividad humana.´´[22]

Actuar localmente:

Para Lipietz, actuar localmente es hacerse cargo del medio, de actuar a su escala. Se trata de una reapropiación de lo político en el sentido de ir en contra del centralismo, contra la tecnocracia. Es la reinvindicación de un derecho: el del acercamiento del poder político a los ciudadanos, de una regionalización o municipalización del

---

[22] http://www.berdeak.org/LIPIETZ.htm recuperado el 29/12/2010.

poder político, es decir, de una reapropiación de lo político sin delegaciones ni subordinaciones.

Localmente se pueden medir las causas y consecuencias de los actos, tener mayor control sobre lo que se hace y lo que se deja de hacer. Para el autor, si no se actúa localmente, se cae en el infantilismo, la recriminación estéril que perpetúa el estado de cosas.

Según Lipietz : ˝Escasos son los que imaginan hasta qué punto las consecuencias de sus propios actos, mínimos a sus propios ojos, se vuelven enormes y cambian de escala cuando éstas son ampliadas por el número de actores.˝[23] Ahora bien, ¿es esto suficiente?, es decir, la actuación local. Para Lipietz no. Nos brinda el ejemplo de cuando el ex presidente Bush en las negociaciones de Río dijo: ˝Nuestro modo de vida no es negociable.˝

Actuar globalmente, pensar localmente

Para actuar globalmente, hay que convencer, en el terreno, mediante compromisos locales, a aceptar leyes globales. Actuar

---

[23] Ibídem.

globalmente, pensar localmente también debe ser, según Lipietz, el slogan de una ecología política pragmática y realista.

Actuar globalmente:

Consistiría en fijar reglas de orden superior a las escalas tradicionales (sobre todo el Estado-Nación) y darse los medios apropiados para aplicarlas. Se trata de eliminar los efectos perversos ocasionados por ciertas interacciones, impedir los comportamientos que parecen localmente positivos (tal vez desde un punto de vista económico), pero que pueden tener consecuencias nefastas para el conjunto. En pocas palabras, ˝esto consiste en poner reglas al juego ciego de los egoísmos, las competencias en el mercado y las relaciones de poder geopolítico, para privilegiar las prácticas mutuamente provechosas.˝[24]

Pensar localmente:

---

[24] http://www.berdeak.org/LIPIETZ.htm   recuperado el 29/12/2010.

Esto constituye para Lipietz unos de los aspectos más importantes.

Actuar globalmente es elaborar tratados internacionales, leyes y decretos nacionales. Poner en marcha esto, individualmente y localmente es dificultoso, porque si los ciudadanos no creen en su utilidad ni se convencen de que tiene sentido, que el desagrado de la constricción tiene su jutificación.

En las sociedades democráticas, dice Lipietz, esta justificación supone la adhesión al principio del interés general, lo que implica que se resientan individualmente o por lo menos localmente las ventajas.

Lipietz nos da el ejemplo de la III República en Francia. Para el autor el mecanismo de la escuela fue esencial. Mediante la escuela se difundieron los valores de esta república que, un siglo más tarde, resucitaba los de la Revolución. A través de los maestros ´´se transmitieron los principios elementales de la moral y la instrucción cívica que fueron decisivos para los avances humanos y sociales del final del siglo XIX. Esto se logró porque, frente a la Iglesia y los notables tradicionales, se supo convencer una población mayoritariamente rural, de los beneficios de la educación, y los maestros participaron en la gestión de las comunas y en la promoción social de los niños.[25]

Para Lipietz, sin la adhesión de los actores, nada puede lograrse. Es lo que entiende por la formula "pensar localmente". Para la ecología política, ´´es obrar para que se desarrolle la toma de conciencia acerca de los efectos a distancia de la vida de cada uno, de tal forma que sea concreta la justificación de los límites impuestos por la ley; **es hacer madurar, poco a poco, en las comunidades locales la conciencia de un destino común del género humano,** de necesidades comunes, de ventajas recíprocas superiores, y actuar políticamente para codificar internacionalmente las reglas que las mayorías locales están listas para aceptar.´´[26]

Volviendo a la escuela como difusora de valores, entendemos que quien mejor la describe es Louis Althusser cuando nos dice que: ``Toma a su cargo a los niños de todas las clases sociales desde el jardín de infantes, y desde el jardín de infantes

---

[25]http://www.ecopolitica.org/index.php?option=com_content&view=article&id=13:ecologpolca-iremedio-a-la-crs-de-lo-polco&catid=26:polca&Itemid=70. Recuperado el 08/10/2011
[26] Ibídem.

les inculca -con nuevos y viejos métodos, durante muchos años, precisamente aquellos en los que el niño, atrapado en el aparato Estado-familia y el aparato de Estado-escuela, es más vulnerable- ``habilidades'' recubiertas por la ideología dominante (el idioma, el cálculo, la historia natural, las ciencias, la literatura o, más directamente, la ideología dominante en estado puro (moral, instrucción cívica, filosofía)

Hacia el sexto año, una gran masa de niños cae ``en la producción'', son los obreros o los pequeños campesinos. Otra parte de la juventud escolarizable continúa: bien o mal se encamina y termina por cubrir puestos de pequeños y medianos cuadros, empleados, funcionarios pequeños y medianos, pequeños-burgueses de todo tipo.

Una última parte llega a la meta, ya sea para caer en la semidesocupación intelectual, ya para proporcionar, además de los ``intelectuales del trabajador colectivo'', los agentes de la explotación (capitalistas, empresarios), los agentes de la represión (militares, policías, políticos, administradores, etc.) y los profesionales de la ideología (sacerdotes de todo tipo, la mayoría de los cuadros son ``laicos'' convencidos).''[27]

---

[27] ALTHUSSER, Louis, *Ideología y aparatos ideológicos de Estado. Freud y Lacan.* pág.36-37.

Para Althusser, cada grupo está provisto de la ideología conveniente al rol que debe cunplir en la sociedad de clases: rol de explotado (con ``conciencia profesional´´, ``moral´´, ``cívica´´, ``nacional´´ y apolítica altamente ``desarrollada´´); rol de de explotador (saber mandar y hablar a los obreros: ``las relaciones humanas´´); de agentes de la represión (saber mandar y hacerse obedecer sin discutir o saber manejar la demagogia de la retórica de los dirigentes políticos), o de profesionales de la ideología que saben tratar a las conciencias, dice Althusser, con el respeto, es decir el desprecio, el chantaje, la demagogia, etc. ``Por supuesto, muchas de esas virtudes contrastadas (modestia, resignación, sumisión por una parte, y por otra cinismo, desprecio, altivez, seguridad, grandeza, incluso bien decir y habilidad) se enseñan también en la familia, la iglesia, el ejército, en los buenos libros, en los filmes, y hasta en los estadios. Pero ningún aparato ideológico de Estado dispone durante tantos años de la audiencia obligatoria (y por sifuera poco, gratuita…), 5 a 6 días sobre razón de 8 horas diarias, de formación social capitalista.´´[28]

Ahora bien, ante lo expuesto sobre el funcionamiento de la escuela como difusora de valores e inculcación ideológica, nos aventuramos

---

[28] Ibídem. Pág.37

a decir que Lipietz comparte más una visión gramsciana que althusseriana del funcionamiento escolar. Esto es porque Lipietz tiene una visión de la escuela como constructora de hegemonía, pero que puede ser funcional a la concientización de la problemática medio ambiental.

Por eso entendemos que para el autor no debe ser destruida por funcionar como un aparato ideológico de Estado al servicio del capitalismo, sino que debe funcionar como un espacio de construcción de conciencia ecológica.

Para aclarar este punto, haremos un breve resumen del pensamiento de Chantal Mouffe cuando compara a ambos autores.

Según Althusser, la unidad de los aparatos ideológicos de Estado proviene del hecho de que funcionan mediante la ideología dominante. ¿De donde proviene la ideología dominante? Para Althusser, la ideología dominante se realiza en los aparatos ideológicos de Estado pero ``viene de otro lado´´, es decir, de la posición en las relaciones de producción a nivel económico. Esto lleva, según Chantal Mouffe, a concebir la ideología de una clase como un sistema de representaciones que son determinadas por su posición a nivel económico y los intereses que de esa posición derivan, y por lo tanto, se mantiene la concepción reduccionista, impidiendo salir de la problemática economicista e impidiendo atribuirle un nivel real de autonomía y de eficacia a la ideología.

De esta manera, la victoria de una ideología sobre otra sólo puede resultar pues de la destrucción de esta última y de su sustitución por la ideología triunfante. Pero la lucha, según Mouffe, no tiene lugar verdaderamente a nivel de la ideología, sino a nivel económico y político, y sólo después la lucha ideológica puede ocurrir en los aparatos ideológicos de Estado.

Para Chantal Mouffe, donde tropieza Althusser, el obstáculo que no logra vencer (el reduccionismo de clase), se encuentra el punto fuerte de Gramsci, ``que fue el primer marxista que estableció una problemática no reduccionista de la ideología.''[29]

Gramsci entiende que los hombres siempre toman conciencia de sí mismos y de sus tareas en el terreno de una concepción determinada del mundo, y toda posibilidad de transformar la sociedad debe pasar necesariamente por la transformación de esta

---

[29] MOUFFE, Chantal, ``*Hegemonía, política e ideología*'', en LABASTIDA DEL CAMPO, Julio, Hegemonía y alernativas políticas en América Latina. Op.cit. Pág. 130.

concepción del mundo, de esta visión del mundo. El punto de separación con la problemática althusseriana radica en que Gramsci no piensa que esta visión común del mundo es la de la ideología de clase de la clase burguesa. De hecho , dice Mouffe, la concibe como un conjunto ideológico compuesto que consiste en la articulación con el principio hegemónico de la burguesía de toda una serie de elementos ideológicos cuyo carácter de clase no está predeterminado. De esta forma, para Gramsci, una clase hegemónica no es (como para Althusser) una clase que impuso su ideología de clase a los otros grupos sociales gracias al control que ejerce sobre los AIE, sino aquella que fue capaz , a través de la lucha ideológica, de articular a su principio hegemónico la mayoría de los elementos ideológicos importantes de una sociedad dada.

``Para Gramsci la ideología es pues el ``terreno de una lucha incesante entre dos principios hegemónicos´´, es un campo de batalla en el cual las clases principales luchan por apropiarse de los elementos ideológicos fundamentales de su sociedad para articularlos a otro discurso.´´[30]

---

[30] Ibídem. pág. 131.

Para Mouffe, Gramsci jamás concibe la lucha ideológica como un enfrentamiento de concepciones del mundo predeterminadas que tendrían su origen fuera de la ideología y cuya unidad y contenido estarían establecidos de manera definitiva.

Esta concepción de la lucha ideológica le permite a Gramsci, según la autora, atribuirle un lugar muy importante en el proceso de transición al socialismo. De hecho, la transición al socialismo será posible a condición de que se cree una nueva voluntad colectiva nacional-popular bajo la dirección de la clase obrera, y ello exige al trnsformación de la subjetividad de las masas a través de la ``reforma intelectual y moral''. No basta transformar la subjetividad, y Gramsci, contrariamente a lo que algunos pretenden[31], no olvida jamás el aspecto coercitivo de la dominación burguesa. Pero la creación de estos nuevos sujetos políticos, a través de la lucha ideológica es según Gramsci, la condición necesaria para que se forme un amplio movimiento popular en condiciones de arrancarle el poder a la burguesía. Es en este sentido que hay que comprender la afirmación gramsciana de que es necesario que la clase obrera

---

[31] Chantal Mouffe se refiere a la interpretación de Perry Anderson en ``Las antinomias de Antonio Gramsci''.

se vuelva hegemónica antes de la toma del poder de Estado. Afirmación que es impensable en la problemática althusseriana.

La diferencia fundamental entre Gramsci y Althusser proviene de las distintas problemáticas de la ideología que manejan al plantear el problema de la hegemonía. Mientras Althusser, según Mouffe, no logra liberarse del reduccionismo, la concepción gramsciana implica el establecimiento de una problemática no reduccionista de la ideología, que niega la existencia de una ideología paradigmática para cada clase social y que considera que el carácter de clase de un elemento ideológico no es intrínseco sino que es el resultado del tipo de articulación al que ese elemento está sometido. Es por lo tanto necesario, según Gramsci, transformar el carácter de clase de los elementos ideológicos, y la lucha ideológica debe ser concebida como un proceso de ``desarticulación-articulación´´. De hecho, para Gramsci, no se trata de hacer tabla rasa de la ideología burguesa con todos los elementos que la componen, sino que hay en ella elementos que debe apropiarse la clase obrera a condición de transformarlos. En este proceso de desarticulación-articulación consiste la lucha por la hegemonía. Una clase podrá presentarse como portadora del interés general y conquistar la dirección intelectual y moral de una sociedad determinada a condición de poder articular los elementos más importantes de una sociedad con su discurso. ``Por lo tanto, la lucha por la hegemonía es para Gramsci una lucha dentro de la ideología y no, como Althusser, lucha entre ideologías cuyo origen se situaría en otra parte.´´[32]

Es en esta lucha por la hegemonía, es decir por la construcción de esta nueva voluntad colectiva nacional y popular a través de la reforma intelectual y moral en que consiste la guerra de posiciones. La guerra de posiciones no se presenta jamás como excluyente, dice Mouffe, de la guerra de movimiento, sino como la condición necesaria para que esta última pueda ser victoriosa.

Ahora bien, volviendo al pensamiento de Alain Lipietz, podemos afirmar que su posición sobre el esparcimiento de la ideología en el sistema escolar no está dentro de la línea althusseriana.

Para apoyarnos en lo antedicho podemos citar algunos ítems considerados por Pablo Bustelo[33], en relación a los lineamientos generales de la Escuela de la regulación:

---

[32] MOUFFE, Chantal, ``*Hegemonía, política e ideología*´´, en LABASTIDA DEL CAMPO, Julio, Hegemonía y alernativas políticas en América Latina. Op.cit. Pág. 131.
[33] Profesor titular de Economía Aplicada. Universidad Complutense de Madrid.

-Tiene una filiación fundamentalmente marxista, en el sentido que comparte la concepción holista, dialéctica y materialista del marxismo, aunque expurgada de los dogmas de de su versión althusseriana.

-Parte de una revisión crítica de la tradición macroeconómica keynesiana y kaleckiana.

-Se inspira en un institucionalismo renovado así como en la escuela histórica de los Annales.

Las formas institucionales y la Escuela de la Regulación de Viena

Dentro de la Escuela de la Regulación en general se encuentra una corriente que se le puede denominar vienesa. En esta escuela se encuentra el economista austríaco Werner Raza (entre otros), quien advierte que la economía política contemporánea olvida las bases ecológicas de la producción. ''En ese sentido, nos apoyamos en la

Teoría de la Regulación, dialogando con autores como el francés Alain Lipietz quien es uno de sus promotores. Para nosotros los análisis económicos deben estar contextualizados históricamente, deben ser materialistas y también no deterministas. La Teoría de la Regulación ofrece esa alternativa´´.[34]

Gran parte de las perspectivas económicas tradicionales son reticentes a incluir la dimensión ambiental en sus análisis. La escuela de la Regulación de Viena piensa que el tratamiento del medio ambiente dentro de la economía neoclásica es deficiente. Entre otras cosas, no toma en cuenta el aspecto institucional. No se advierte el hecho de que el ambiente funciona como base de toda la ecología humana o toda la actividad económica.

Raza dice: ´´hay que tomar en cuenta las relaciones intrínsecas entre toda actividad humana productiva y reproductiva, y la Naturaleza, el medio ambiente. Esta es una ausencia teórica muy

---

[34] http://www.ecologiasocial.com/biblioteca/RazaRestriccionEcologica.htm. Recuperado el 30/01/12.

importante en las corrientes de pensamientos más difundidas de la actualidad.´´[35]

Para Raza la Economía política debe incluir el medio ambiente en su problemática. No se debe olvidar la importancia de la naturaleza. En el campo teórico, esta escuela intenta desarrollar la relación con la Naturaleza ya que entienden que la visión actual es deficiente.

En el plano práctico también debe hacerse, porque ¨las estrategias de muchos gobiernos está centrada a fomentar la actividad económica y quizás a distribuir algunos de sus ingresos en el ámbito social. Pero desde mi punto de vista, el ambiente es también una base energética y material de esta actividad económica y no puede ser olvidado. Hay quienes únicamente toman en cuenta al ambiente dentro de un marco conceptual que quiere sólo fomentar la economía tradicional. Por ejemplo, en términos prácticos los políticos no

---

[35] http://www.ecologiasocial.com/biblioteca/RazaRestriccionEcologica.htm. Recuperado el 30/01/12.

consideran el medio ambiente, o sólo lo hacen cuando piensan que hay una demanda pública a la que podría responderse. Pero no hay una política sistemática que tome en cuenta esta relación."[36]Es decir que tanto el acceso a los recursos naturales como a condiciones de mejoría en la calidad de vida, terminan en conflictos debido precisamente a que se olvidan esos aspectos ecológicos.

Para Werner Raza muchos conflictos sociales se puedan encontrar y también analizar dentro de éste marco, porque un conflicto sobre el uso de un parque o sobre el aprovechamiento del espacio público, o la construcción de un shopping de gran superficie, no sólo es un conflicto social y económico sino también ecológico. En el centro de esas disputas también están los temas ecológicos, la Naturaleza, y el acceso y la utilización de ella estará en todas las polémicas. Creo que muchos problemas ecológicos son por eso problemas bastante políticos porque involucran conflictos sociales.

---

[36] Ibidem.

En este sentido, dice Raza, es importante la noción de distribución ecológica. Es un concepto que fue acuñado por Joan Martínez Alier, desde España. Con este concepto se busca integrar la pregunta de la distribución, de la riqueza no sólo económica sino también natural, dentro de un proyecto de ecología popular o desarrollo sostenible.

Por distribución ecológica raza entiende :"los aspectos sociales referidos al acceso al ambiente y los recursos naturales, y su distribución. Además considera no sólo la presente generación, sino también temporalmente las generaciones futuras. Se atiende la distribución del uso de cierto recurso entre la generación presente y las generaciones próximas. También se considera la distribución espacial de la contaminación del medio ambiente."[37]

---

[37] http://www.ecologiasocial.com/biblioteca/RazaRestriccionEc ologica.htm. Recuperado el 30/01/12.

Para Raza el concepto de distribución ecológica puede apuntalar y apoyar el análisis de estos conflictos y también en la actividad política misma. Porque cuando se empieza a pensar los conflictos también en sus aspectos ambientales se puede vislumbrar que pueden encontrarse nuevas soluciones.

Werner Raza nos recuerda que muchos conflictos son disputas por recursos naturales.

A continuación se hará un breve repaso sobre las formas institucionales, para llegar a la ¨restricción ecológica´´, que es un concepto acuñado por esta Escuela.

Como se dijo anteriormente, la Teoría de la Regulación reconoce modos de producción y regímenes de acumulación; los primeros resumen las relaciones sociales y de la producción, y los segundos las formas históricas de organización de la economía. Los regulacionistas advierten que hay por lo menos cinco formas institucionales a saber:

- las relaciones institucionales relacionadas con la **moneda**. Es decir, qué forma específica desarrollan las políticas monetarias, qué papel juegan esas políticas dentro de la economía, el rol de la propia moneda, la incidencia del sector financiero, etc. Se analizan temas como por ejemplo si la política monetaria está subordinada a una estrategia keynesiana. En este sentido, Raza piensa que la forma de la moneda es ahora la más dominante dentro del sistema económico porque como hay una crisis económica donde las soluciones no están tan claras, el horizonte temporal de la gente que tiene dinero, es decir los capitalistas, es bastante corto. Por ello tienen que valorizar el capital a corto plazo, y eso es una explicación para la amplificación y el implemento de los mercados financieros, el enorme papel que están jugando y la gran influencia que tienen en el comportamiento productivo de los países, especialmente reduciéndolo.

- La segunda forma institucional es la **relación salarial**. Es decir la forma específica que tiene la relación entre los empresarios y los empleados. También (entre otras cosas) considera temas como la forma de fijar el nivel de los salarios. En el período fordista de los años 40 hasta la década de 1970, en Europa la fijación de los salarios no estaba ligada al mercado de trabajo sino que estaba vinculada a un proceso de negociación institucionalizado entre los empresarios y los empleados, nos dice Raza.

- La tercera forma de regulación considera la **competencia** y cómo funcionan los mercados. Es decir, cómo se desarrolla el ámbito de intercambio comercial. Por ejemplo, se pueden observar formas predominantes de mercado con unas pocas empresas, desembocando en una competencia oligopolística.

-La cuarta forma es la específicamente relacionada con el **Estado**. Considera por ejemplo qué forma tiene el Estado, qué papel juega dentro de la economía y el ámbito político. Se analiza, por ejemplo, si es un Estado neo-coroporativista donde sólo se apoyan los intereses de los empresarios, o si es intervencionista, regulando la distribución del ingreso. Cabe aclarar que entendemos que el Estado siempre es intervencionista. Depende a qué grupos de poder responda para saber de que intervencionismo estamos hablando.

- La quinta forma son los modos de relación con la **economía internacional**. Es decir, si hay a nivel internacional una forma de regulación fuerte, bastante clara como era en la época de Bretton Woods cuando se dio origen al Banco Mundial, pero que luego fracasó al inicio de los años 70. O bien si es una forma que tiene un régimen internacional sin un cuerpo de derecho sólido, donde compiten los Estados nacionales, como parece observarse en esta época presente, dice Raza.

La teoría regulacionista ortodoxa reconoce, como ya se ha señalado, cinco formas institucionales mediante las cuales se da legitimidad a un modo de acumulación, estas son: el régimen monetario, la relación salarial, las formas de competencia, las modalidades de integración en el sistema internacional y las distintas formas del Estado. Ahora bien, siguiendo a Joachin Becker y Werner Raza (2000), el medio ambiente tiene status de forma institucional, puesto que es una **restricción ecológica**, dado que la naturaleza está tan transformada, creada o destruida por procesos sociales, como lo está por leyes naturales.

En tanto que la naturaleza está sujeta a limitaciones físicas y existen diferentes percepciones sobre su construcción y formas de uso, son objetos constantes de conflictos, y por lo tanto no pueden escapar a la necesidad de establecer medidas regulatorias.

En tal sentido entendemos, junto con la Escuela de Viena, a las restricciones ecológicas como dispositivos orientados a regular los regímenes de acumulación.

Entonces recapitulando lo antedicho, pensamos que el concepto de restricción económica es muy importante dentro del marco teórico de la Escuela Regulacionista.

En otro orden de cosas, coincidimos con José Luis Jofré[38]en que es necesario introducir una distinción analítica en el esquema teórica de La Escuela Regulacionista.

Interpretamos que existen dos formas básicas de relaciones sociales que atraviesan verticalmente cuatro formas institucionales de regulación. Estas formas básicas de relaciones sociales son la mercancía y el Estado.

Estas dos formas de relaciones están presentes de forma universal en todas las formas institucionales de regulación. Siguiendo a Jofré,

---

[38] Profesor Adjunto de la Cátedra Sociología del Conocimiento de la Facultad de Ciencias Políticas y Sociales de la Universidad Nacional de Cuyo.

identificamos la relación salarial, la restricción monetaria, la relación de competencia y la restricción ecológica como formas institucionales de regulación.

Entendemos que ´´una característica esencial de las formaciones sociales donde imperan relaciones de producción capitalistas es la asignación de precios a los productos del trabajo. Además de las mercancías, también a la fuerza de trabajo, la naturaleza y el dinero se les asigna un precio, aunque ellos no sean per se mercancías. En este caso, son elementos absolutamente necesarios en el proceso de valorización, y para constituirse en mercancías requieren un acto político de Estado´´.[39]

Por otro lado, ´´a diferencia de gran parte de los autores regulacionistas, no consideramos al Estado como una forma institucional más, sino como una estructura que atraviesa verticalmente las restantes formas institucionales. Por ello lo

---

[39] José Luis Jofré. Efectos de las innovaciones productivas en la agricultura sobre la materialidad institucional del régimen hídrico. El caso mendocino entre 1976-2010. Tesis doctoral 2010. Pág. 53.

tomamos como una relación social básica de la sociedad capitalista´´.[40]

Además de relacionarse con el proceso de acumulación, las formas institucionales constituyen un espacio de conflictos sociales. ´´Las líneas de lucha que cortan transversalmente el conflicto vertical de clase tienen orígenes en una relación de competencia definida en sentido amplio. Estos ejes del conflicto están presentes en ambas formas básicas de relaciones sociales, es decir, la mercancía y el Estado. El Estado articula éstos conflictos de forma específica y procura preservar la precaria cohesión social de manera que no cuestione la forma de mercancía. De este modo, el Estado burgués se articula a la forma de mercancía como la norma social del intercambio económico´´.[41]

Conclusiones

---

[40] Ibídem.
[41] Ibídem.

La economía ecológica ha hecho contribuciones importantes para la comprensión de los aspectos físicos de la relación de los hombres con la naturaleza. Pero como se dijo en la introducción, partimos del supuesto que una opinión estática y/o biologicista de la naturaleza (la naturaleza como algo totalmente exógeno al reino social) que es común a la economía neoclásica de ambiente/recurso y a la economía ecológica también, le faltarían los aspectos esenciales de la relación entre la naturaleza y la sociedad.

Los conceptos de naturaleza están sujetos a cambios históricos, dado que, por un lado, el mundo material se transforma permanentemente a través del trabajo del hombre y, por otro lado, la opinión sobre la naturaleza de los seres humanos cambian.

Es en este sentido que nos parece crucial el aporte de Alain Lipietz a la ecología política.

Si bien la Escuela de la Regulacíon nace y está influenciada por las teorías estructuralistas, podemos vislumbrar que Lipietz se aparta del pensamiento althusseriano cuando hace su aporte teórico sobre el rol de la escuela, donde ésta aparece como funcional a la concientización de la problemática medio ambiental.

Esto además debemos ponerlo en contexto en el sentido que para Lipietz, en el siglo XXI, al menos en sus comienzos, tendremos siempre relaciones mercantiles y salariales, por tanto estaremos dentro del capitalismo. Da cuenta de la capacidad de mutación que tiene el sistema capitalista y por eso su pensamiento del rol del aparato escolar se asemeja a la concepción gramsciana vista desde la perspectiva de Chantal Mouffe.

Por otra parte, su pudo constatar que el pensamiento de Lipietz con respecto a la ecología política, tiene un alto componente normativo. Nos referimos más precisamente cuando habla sobre solidaridad, autonomía y responsabilidad ecológica.

Con respecto al aspecto político, Lipietz aboga por poner el centro en la política tanto para actuar y pensar localmente, como para actuar y pensar globalmente. Una sociedad sin proyecto político, dejada a las simples fuerzas del mercado, envuelta en la espiral del ´´producir más´´, no puede sino conducir a un crecimiento de las desigualdades y la multiplicación de las crisis ecológicas.

Con respecto a la diferencia entre la Escuela Francesa de la Regulación (tomando como a su máximo exponente, desde el punto de vista de la Economía ecológica, a Lipietz) y la Escuela de Regulación de Viena encontramos que no existen demasiadas diferencias. Pero no podemos dejar de lado las contribuciones de la Escuela de la Regulación de Viena y su importante aporte como lo es el concepto de restricción ecológica como forma institucional.

Con respecto al Estado, no lo consideramos como una forma institucional más, sino como una estructura que atraviesa verticalmente las restantes formas institucionales. Las formas institucionales constituyen un espacio de conflictos sociales. El Estado articula éstos conflictos de forma específica y procura preservar cohesión social de manera que no cuestione la forma de mercancía.

<u>**Análisis bibliográfico:**</u>

Con respecto a la bibliografía, se ha trabajado con los siguientes textos:

AGLIETTA, Michel. El riesgo del sistema y la regulación de las economías de mercado. Noticias de la regulación, Mayo de 1992.

ALTHUSSER, Louis. *Ideología y aparatos ideológicos de Estado*. Ediciones Nueva Visión. Buenos Aires. 1988

ALTHUSSER, Louis . Para un crítica de la práctica teórica. Respuesta a John Lewis. S. XXI, Madrid, 1.974.

ALTHUSSER, Louis y otros. Discutir el Estado. Folios ediciones. Buenos Aires. 1986.

ALTHUSSER, Louis. «Du matérialisme aléatoire» 1986, en *Multitudes* Nº 21, été 2005.

ALTHUSSER, Louis. *Marx dentro de sus límites*. Ediciones Akal. Madrid. 2003

ALTHUSSER, Louis. *Nuevos escritos.* Editorial Laia. Barcelona. 1978

ALTHUSSER, Louis. *Para un materialismo aleatorio.* Arena Libros. Madrid. 2002

ALTHUSSER, MACHEREY y BALIBAR. *Filosofía y cambio social.* Ediciones Metropolitanas. Buenos Aires. 1984

ALTHUSSER, SEMPRUN, SIMON y Otros. *Polémica sobre marxismo y humanismo.* Siglo veintiuno editores. México. 1976

ANNIE LEONARD. *La historia de las cosas.* De cómo nuestra obsesión por las cosas está destruyendo el planeta, nuestras comunidades y nuestra salud. Y una visión del cambio.Fondo de cultura económica, Buenos Aires. 2010

ANTUNES, CARLOS, Pierre Juquin, Penny Kemp, Isabelle Stengers, Wilfred Telkämper y Frieder Otto Wolf (1993): Manifiesto ecosocialista. Por una alternativa verde en Europa, Madrid, Los Libros de la Catarata, 2.ª ed.

BALIBAR, E.: Cinco ensayos de materialismo Histórico. Fontamara, México, 1984.

BALIBAR, Étienne. Escritos por Althusser. Nueva Visión. Buenos Aires. 2004

BADIOU Alain, *Petite panthéon portatif*, La fabrique éditions, Paris, 2008.

BERMEJO, Roberto (2001): Economía sostenible. Principios, conceptos e instrumentos . Bilbao,Bakeaz BERMEJO, Roberto («El paradigma dominante como obstáculo para la sostenibilidad. La transformación epistemológica y paradigmática de la economía sostenible», Ekonomiaz. Revista Vasca de Economía, 64, 36-71. 2007.

BECKER, Joachin y RAZA, Werner. (2000). *Theory of Regulation and Political*

Ecology: An Inevitable separation? Recuperado el 27 de Junio de 2011 de: http://www.scielo.br/scielo.php?pid=S1414 753X1999000200002&script=sci_arttxt

BOOKCHIN, Murray : «Nosotros los verdes, nosotros los anarquistas», Comunidad, 63. 1988

BOOKCHIN, Murray .La ecología de la libertad: el surgimiento y la disolución de la jerarquía, Móstoles, Nossa y Jara. (1999)

BOYER, Robert. Capitalism Strikes Back: Why and What Consequences for Social Sciences? Revue de la Régulation. Capitalisme, institutions, pouvoirs.

CARPINTERO, Óscar .Entre la economía y la naturaleza. La controversia sobre la valoración monetaria del medio ambiente y la sustentabilidad del sistema económico, Madrid, Los Libros de la Catarata. (1999)

CMMAD (Comisión Mundial del Medio Ambiente y del Desarrollo) (1988): Nuestro futuro común (Informe Brundtland), Madrid, Alianza Editorial.

COHN-BENDIT, Daniel y José María Mendiluce : Por la tercera izquierda, Barcelona, Planeta. (2000)

DE IPOLA, Emilio. "Crítica de la teoría althusseriana sobre la ideología". Arte, sociedad, ideología, n° 7. México.

DE IPOLA, Emilio. *Althusser, el infinito adiós*. Buenos Aires, Siglo XXI, 2007.

DEGANS, François : «Qu'est-ce que le productivisme?», en Les Verts: Textes fondateurs des Verts. 1984

DICKINS, Amanda. The evolution of internacional political economy.

DOBSON, Andrew :Pensamiento político verde, una nueva ideología para el siglo xxi, Barcelona, Paidós Ibérica. (1997)

FERNANDEZ, Joaquín El ecologismo español, Madrid, Alianza Editorial.1999.

GARRIDO Peña, Francisco : Introducción a la Ecología Política, Granada, Comares.1993

GARTON, Pehr : «¿Qué piensan los partidos verdes?», en ¿Se necesita una ideología verde?, Cogito. 2008

GEORGESCU-ROEGEN, Nicholas .La Ley de la Entropía y el proceso económico, Madrid, Fundación Argentaria. (1996):

GOMA, Ricard, y Marc Rius (2006): «Iniciativa per Catalunya Verds (ICV). La izquierda verde de Catalunya», en Ángel Valencia (ed.) (2006): La izquierda verde, Barcelona, Icaria.

GORZ, André :Ecología y política, Barcelona, El Viejo Topo.1982

GORZ, André :Miserias de lo presente, riqueza de lo posible, Barcelona, Paidós Ibérica.1997.

GORZ, André : «L'écologie, une éthique de la libération», EcoRev'. Revue Critique d'Écologie Politique, 21 (otoño-invierno 2005-2006).

GORZ, André: Carta a D., Barcelona, Paidós Ibérica.2008

GORZ, André (2008): «Le travail dans la sortie du capitalisme», EcoRev'. Revue Critique d'Écologie Politique, 28 (otoño-invierno 2007-2008). Disponible en castellano en <http://www.ecopolitica.org/>.GORZ, André y Miguel Gil (1981): Adiós al proletariado, Barcelona, Ediciones 2001.

JOFRÉ, José Luis. Efectos de las innovaciones productivas en la agricultura sobre la materialidad institucional del régimen hídrico. El caso mendocino entre 1976-2010. Tesis doctoral 2010

GRAMSCI, Antonio. *Antología.* Siglo Veintiuno editores. México. 1992

KALETSKY, Anatole. The Failure of neoclassical economics. Goodbye, Homo Economicus.

KARSZ, POUILLON, BADIOU y otros. *Lectura de Althusser.* Editorial Galerna. Buenos Aires. 1970

LABASTIDA MARTIN DEL CAMPO, Julio (coord.). *Hegemonía y alternativas políticas en América Latina.* Siglo Veintiuno editores. México. 1985

LACLAU, Ernesto y MOUFFE, Chantal. *Hegemonía y Estrategia socialista*, Siglo XXI, Madrid, 1987

LAZARUS Silvain (sous la dir. de), Politique et philosophie dans l'œuvre de Louis Althusser, P.U.F., Paris, 1993.

LECOURT Dominique, Les piètres penseurs, Flammarion, Paris, 1999.

LE MONDE DIPLOMATIQUE, recuperado el 29/12/2010 de: http://www.insumisos.com/diplo/NODE/2476.HTM

LIPIETZ, Alain, **Qué es la ecología política : la gran transformación del siglo XXI, ARCES LOM, Santiago de Chile, 2002.**

LIPIETZ, Alain, Elegir la audacia Una alternativa para el siglo XXI, TROTTA, Madrid, 1997.

LIPIETZ , Alain.EL PADRE Y LA MADRE DE LA RIQUEZA. TRABAJO Y ECOLOGIA *En publicación: EL PADRE Y LA MADRE DE LA RIQUEZA. TRABAJO Y ECOLOGIA* . ADEC-ATC Asociación Laboral para el Desarrollo y el Departamento de Economía de la Universidad Católica del Perú: .1995.

LIPIETZ, Alain. Recuperado el 30 de enero de 2012 de: http://www.ecopolitica.org/index.php?option=com content&view=article&id=13:ecologpolca-iremedio-a-la-crs-de-lo-polco&catid=26:polca&Itemid=70.

MORFINO Vittorio et Luca Pinzolo, «le primat de la rencontre sur la forme, Le dernier

Althusser entre la nature et l'histoire» in *Multitudes 21,* Été 2005.

MOULIER Boutang Yann, Louis *Althusser. Une biographie,* tome I «La formation du mythe (1918-1956)» Grasset, Paris, 1992.

NAVARRO, Fernanda. "Sobre el último Althusser". *Revista Confluencia de Sociología.* N° 5. Mendoza. 2005.

NEGRI Antonio, « Pour Althusser, notes sur l'evolution de la pensée du Dernier Althusser» in *Future Antérieur, « Sur Althusser passages »,* Editions l'Harrmattan, 1995.

NEGRI Antonio. «Machiavel selon Althusser», Future Anterieur, op.cit. 1997.

POULANTZAS, Nicos. *Las clases sociales en el capitalismo actual.* Siglo Veintiuno editores. Buenos Aires. 1973

POULANTZAS, Nicos. *Estado, poder y socialismo.* Siglo veintiuno editores. México. 1987

PORTANTIERO, Juan Carlos: *Los usos de Gramsci,* Folios Ediciones, Buenos Aires, 1983.

RAZA, WERNER. Recuperado el 30 enero de 2012 de: http://www.ecologiasocial.com/biblioteca/RazaRestriccionEcologica.htm.

RODRIK, Dani. How to save Globalization fron its Cheerleaders.

ROIES, ALBERT. *Lectura de Marx por Althusser.* Editorial Laia. Barcelona. 1.974.

TOSEL, André, «Les aléas su matérialisme aléatoire dans le dernier Althusser» in *Cahiers Philosophiques,* n° 84, septembre 2000.

www.ingramcontent.com/pod-product-compliance
Lightning Source LLC
Chambersburg PA
CBHW061025250726
48662CB00011B/1889